VENUS
ET
ADONIS,

Rouſſeau et Desmarets.

TRAGÉDIE

REPRESENTÉE POUR LA PREMIERE FOIS

PAR L'ACADÉMIE ROYALE
DE MUSIQUE,

L'An 1697. Remiſe au Théatre, pour la ſeconde fois, le Mardi dix-ſept Août 1717.

Le prix eſt de trente ſols.

A PARIS,

Chez PIERRE RIBOU, ſeul Libraire de l'Académie Royale de Muſique, Quai des Auguſtins, à la Deſcente du Pont-Neuf, à l'Image S. Loüis.

M D C C X V I I.

Avec Approbation & Privilege du Roi.

PRIVILEGE DU ROY.

LOUIS par la grace de Dieu Roi de France & de Navarre : A nos amés & Feaux Conseillers les gens tenans nos Cours de Parlement, Maîtres des Requêtes ordinaires de notre Hôtel, Grand Conseil, Prevôt de Paris, Baillifs, Senechaux, leurs Lieutenans Civils, & autres nos Justiciers qu'il appartiendra, Salut. Les Sieurs Besnier Avocat en Parlement, Chomat, Duchesne, & de la Val de S. Pont, Bourgeois de notre bonne ville de Paris, Nous ont fait remontrer, qu'en consequence de l'Arrêt de notre Conseil du 12. Decembre 1712. du Traité fait entre eux & les Sieurs de Francine & Dumont le 24. desd. mois & an, & de nos Lettres Patentes du 8. Janvier ensuivant, confirmatives du Traité, ils auroient acquis le Privilege de faire representer les Opera durant le tems de vingt années, à compter du 20. Aout 1712. ainsi que le Privilege de la vente des paroles desd. Opera, lesquelles ils desireroient faire imprimer pour les donner au Public, s'il Nous plaisoit leur accorder nos Lettres de Privilege sur ce necessaires. A CES CAUSES desirant favorablement traiter les Exposans, attendu les charges dont l'Académie Royale de Musique se trouve oberée, & les grandes depens qu'il convient de faire tant pour l'impression que pour la gravure en taille-douce des planches dont ce Livre sera orné, Nous leur avons permis & permettons par ces Presentes de faire imprimer & graver les Paroles & la Musique, de tous lesd. Opera qui ont été ou qui seront representées par l'Académie Royale de Musique, tant separément que conjointement, en telle forme, marge, caractere, nombre de volumes & de fois que bon leur semblera, & de les faire vendre & debiter par tout notre Royaume pendant le tems de dix-neuf années consecutives, à compter du jour de la datte desdites Presentes. Faisons defenses à toutes personnes, de quelque qualité & condition qu'elles puissent être, d'en introduire d'impression étrangere dans aucun lieu de notre obeïssance, & à tous Imprimeurs, Libraires, Graveurs, & autres, d'imprimer, faire imprimer, vendre, faire vendre, debiter, ni contrefaire lesdites impressions, planches & figures, en tout ni en partie, sans la permission expresse & par écrit desd. Sieurs Exposans, ou de ceux qui auront droit d'eux, à peine de confiscation des exemplaires contrefaits, de six mille liv. d'amende contre chacun des contrevenans, dont un tiers à nous, un tiers à l'Hôtel-Dieu de Paris, l'autre tiers ausdits Sieurs Exposans & de tous dépens, dommages & interêts, à la charge que ces Presentes seront enregistrées tout au long sur le Registre de la Communauté des Imprimeurs & Libraires de Paris, & ce dans trois mois de la datte d'icelles, que la gravûre & impression desdits Opera sera faite dans notre Royaume & non ailleurs, en bon papier & en beaux caracteres, conformément aux Reglemens de la Librairie, & qu'avant de les exposer en vente il en sera mis deux Exemplaires dans notre Bibliotheque publique, un dans celle de notre Château du Louvre, & l'autre dans celle de notre trés-cher & feal Chevalier Chancelier de France le Sieur Phelypeaux Comte de Pontchartrain, Commandeur de nos Ordres, le tout à peine de nullité des Presentes ; du contenu desquelles vous mandons & enjoignons de faire joüir lesd. Sieurs Exposans, ou leurs ayans cause, pleinement & paisiblement, sans souffrir qu'il leur soit fait aucun trouble ou empêchement. Voulons que la copie desdites Presentes, qui sera imprimée au commencement ou à la fin desd. Opera, soit tenuë pour dûëment signifiée, & qu'aux copies collationnées par l'un de nos amés & feaux Conseillers & Secretaires foit soit ajoûtée comme à l'Original. Commandons au premier notre Huissier ou Sergent de faire pour l'execution d'icelles tous actes requis & necessaires ; sans demander autre permission, & nonobstant Clameur de Haro, Charte Normande, & Lettres à ce contraires : Car tel est notre plaisir. Donné à Versailles le 20. jour d'Août l'an de Grace 1713. & de notre Regne le soixante-onziéme. Par le Roi en son Conseil. Signé BESNIER avec paraphe, & scellé.

Nous avons cedé à M. Ribou le present Privilege suivant le Traité fait avec lui le 17. Juillet dernier 1713. A Paris le 22 Aout 1713. Signé, BESNIER.

Registré sur le Registre avec la Cession n. 3. de la Communauté des Libraires & Imprimeurs de Paris, page 648. n. 731. conformément aux Reglemens, & nothamment à l'Arrêt du Aout 1703. Fait à Paris ce 11. Septembre 1713. L. JOSSE, Syndic.

ACTEURS CHANTANS
DU PROLOGUE.

PARTHENOPE, *Nymphe*, Mlle. Joubert,
MELICERTE, *Nymphe*, Mlle. Pouſſin,
PALEMON, *Paſteur*, Mr. Lemire,
DIANE, M. Millon.
Deux Bergeres, Mlles Paſquier & Limbourg.
Troupe de Nymphes & de Bergers.
Chœur de Bergers.

Noms des Acteurs & des Actrices chantans dans tous les Chœurs du Prologue & de la Tragedie.

COSTE' DE LA REINE.	COSTE' DU ROI.
Meſdemoiſelles	*Meſdemoiſelles*
Guillet.	Caron.
Millon.	Veron.
Tettelette.	Gentilhomme.
Limbourg.	La Garde.
Paſquier.	Chevalier
La Roche.	Chalard.
Meſſieurs	*Meſſieurs*
Corbie.	Deshais.
Alexandre.	Dautrep.
Morand.	Corail.
Lemire-L.	Houbeau,
Fauſſié.	Lavigne.
Boullai.	Lebel.
Dun, le fils.	Dupleſſis.
Venec pere.	Ducheſne.
Thomas.	Le Jeune.
	Paris.

ACTEURS DANSANS
DU PROLOGUE.

PEUPLES.

Monſieur Marcel, Madèmoiſelle Menés.

Meſſieurs P. Dumoulin, Dangéville.
Meſdemoiſelles Haran, Brunel.

BERGERS & BERGERES.

Meſſieurs Dumoulin-L., Pierret, Dupré,
Meſdemoiſelles Iſecq, Dupré, Lemaire.

Un PASTRE.

Monſieur F. Dumoulin.

ACTEURS DANSANS
DE LA TRAGEDIE.

ACTE PREMIER.

HABITANS DE L'ISLE DE CYPRE

Messieurs P. Dumoulin, Dangeville, Javilliers, Pierret.

Mademoiselle Guyot.

Mesdemoiselles Haran, Brunel, Dupré, Duval.

ACTE SECOND.

SUITE DE LA JALOUSIE.

Monsieur Blondy.

Messieurs Ferrand, Marcel, F. Dumoulin, Pecourt, P. Dumoulin, Dangeville, Guyot, Malterre.

ACTE TROISIE'ME.

FESTE DE VENUS.

LES GRACES.

Mademoiselle Prevost.

Mesdemoiselles Menés, Isecq, Dupré.

Messieurs P. Dumoulin, Pecourt, Guyot, Malterre.

Mesdemoiselles la Ferriere, Haran, Duval, Brunel.

ACTE QUATRIE'ME.

GUERRIERS.

Messieurs Ferrand, Blondy, Marcel, Javilliers, Pierret, Dupré.

PEUPLES.

Messieurs F. Dumoulin, D. Dumoulin, Pecourt, Dangeville, Malterre, Guyot.

ACTE CINQUIE'ME.

PEUPLES D'AMATHONTE.

Monsieur D. Dumoulin.

Mrs Dangeville, Pecourt, Pierret, Dupré, Guyot, Maltterre.

PROLOGUE.

Le Théatre represente une Plaine bornée par un Palais.

PALEMON, MELICERTE, & PARTHENOPE.

QUittez, quittez Bergers, vos paisibles Hameaux.

MELICERTE.

Déja la vigilante Aurore,
A payé le tribut qu'elle devoit à Flore.

PARTHENOPE.

Le Soleil sort du sein des Eaux,
Et ses premiers rayons vont dorer nos côteaux.

PALEMON.

Mille fleurs se pressent d'éclore,
Et l'Echo se réveille au doux chant des Oiseaux.

ENSEMBLE.

Quittez, quittez Bergers, vos paisibles Hameaux.

LE CHOEUR.

Quittons nos paisibles Hameaux.

ENSEMBLE.

Ah! que nos destins sont tranquiles!
Cerés dans nos Plaines fertiles,
Répand ses plus riches moissons:
Nos jours coulent dans l'innocence,
Et nous bornons notre esperance
Aux seuls biens dont nous joüissons.

PALEMON.

Envain le flambeau de la guerre
Etincelle de toutes parts,
Envain l'impitoyable Mars,
Fait voler sa fureur aux deux bouts de la Terre:
On ne craint point ici ses ravages affreux,
Et tandis que la foudre gronde,
Nous joüissons d'un calme heureux,
A l'abri des lauriers du plus grand Roi du monde.

MELICERTE.

Ce Roi toujours victorieux,
Détourne loin de nous la guerre & ses allarmes.
C'est lui qui soutient seul par l'effort de ses armes,
Les droits de la Terre & des Cieux.

PARTHENOPE.

Sa gloire est parvenuë aux plus lointains rivages,

Et ſes Exploits ſont réverez
Juſques dans ces climats ſauvages,
Où les Dieux ſont preſque ignorez.

ENSEMBLE.

Deſtins favorables
Recevez nos vœux,
Que ces jours durables
Soient toujours heureux !

PARTHENOPE.

O ! vous dont le pouvoir remplit la Terre & l'Onde,
Souverains Arbitres du monde,
Vous qui dans vos puiſſantes mains
Tenez le ſort des Rois & les jours des humains ;
Grands Dieux, conſervez-nous notre unique eſperance,
Prenez ſoin d'un Heros, le bonheur des Mortels,
L'appui de la vertu, l'eſpoir de l'innocence,
Et le ſoutien de vos Autels.

LE CHOEUR.

Deſtins favorables,
Recevez nos vœux,
Que ces jours durables
Soient toujours heureux !

Les Nymphes & les Bergers expriment leur joye par leurs danses.

UNE BERGERE *chante cette Gigue, au milieu de l'Entrée.*

Demeurons dans ce doux azile,
Vivons-y contents;
Des jours que la Parque nous file,
Il faut ménager les instants.
Profitons du jour qui nous éclaire;
Il va bientôt faire place à la nuit.
D'une aîle legere
Le tems s'enfuit.
La beauté n'est rien qu'une fleur passagere,
Qu'un hyver détruit:
Et pour peu qu'on differe,
On en perd le fruit.

PARTHENOPE.

Dequoi vous peut servir une attente frivole?
Soupirez, jeunes cœurs, profitez des beaux jours:
Comme un Zéphir leger, la jeunesse s'envole.
Et les momens qu'on perd sont perdus pour toujours.

Sans eſpoir de retour cette Onde fuit ſa ſource,
Et ces flots vers la Mer par les flots ſont chaſſez:
Nos plaiſirs, nos beaux jours, vont d'une égale courſe,
Et ne reviennent plus, ſitôt qu'ils ſont paſſez.

UNE BERGERE *chante ce Menuet avec le Chœur.*

Profitez de la vie,
Beautez, faites un choix,
L'Amour vous y convie,
Aimez, ſuivez ſes loix.

LE CHOEUR.

Profitez de la vie,
Beautez, faites un choix,
L'Amour vous y convie,
Aimez, ſuivez ſes loix.

LA BERGERE.

Que ſert de ſe défendre
De ſes charmants appas,
Ce Dieu ſçait nous ſurprendre
Quand nous n'y penſons pas.

DIANE *sur son Char.*

Cessez de profaner un encens legitime,
Ne mêlez plus l'Amour & ses coupables Loix,
Au récit des Vertus du plus parfait des Rois;
Songez en quel affreux abîme,
Ce Dieu précipite les cœurs,
Qui se laissent surprendre à ses charmes trompeurs.

Adonis autrefois soumis à ma naissance,
N'osa lui faire résistance;
Je vais vous retracer son sort:
Heureux, si l'exemple fidele,
Des maux où le plongea cette ardeur criminelle,
Peut vous porter à fuir un semblable transport.

Aimez d'une ardeur plus belle,
Pour le plus grand des Rois reservez vos concerts,
Et faites retentir les airs,
Du récit éclatant de sa gloire immortelle.

LE CHOEUR.

Aimons d'une ardeur plus belle,
Pour le plus grand des Rois reſervons nos concerts,
Et faiſons retentir les airs,
Du récit éclatant de ſa gloire immortelle.

Fin du Prologue.

ACTEURS
DE LA TRAGEDIE.

ADONIS, *Fils de Cyniras Roi de Cypre*, M. Cochereau.

CYDIPE, *Princesse du Sang des Rois de Cypre*, Mlle Antier.

VENUS, Mlle Puner.

MARS, M. Thevenard.

Un Suivant de MARS, M. Murayre.

Chœur & Troupe de Peuples de differens endroits de l'Isle de Cypre.

LA JALOUSIE, M. Dun.

Suite de la JALOUSIE, *les Soupçons, le Dépit, la Fureur, la Haine, &c.*

Suite de VENUS, *les Graces, les Plaisirs.*

*Suite d'*ADONIS.

BELLONE, Mlle Poussin.

Un Habitant, M. Guedon.

Un Plaisir, M. Murayre.

Deux Habitantes, Mlles Pasquier & Limbourg.

Un Habitant, M. Boulay.

Une Habitante, Mlle Constance.

Chœur & Troupe de Guerriers de la suite de BELLONE.

Troupe de Peuples qui sont poursuivis par la suite de BELLONE.

Chœur & Troupe d'Habitans de la Ville d'Amathonte, & des Campagnes voisines.

La Scene est dans l'Isle de Cypre.

VENUS

VENUS ET ADONIS, *TRAGEDIE.*

ACTE PREMIER.

Le Theatre represente le costé de la Forest d'Ida, le plus proche d'Amathonte, & dans l'enfoncement, un Temple consacré à Venus.

****

SCENE PREMIERE.

CYDIPE.

Lieux écartez, demeure obscure,
Solitaires témoins des peines que j'endure,
Azile impénetrable à la clarté du jour;
Redoublez, s'il se peut, l'épaisseur de vos ombres,

Et cachez à jamais, dans vos retraites ſombres,
Mon deſeſpoir & mon amour.
L'inſenſible Adonis ne connoît point encore
Ce qui fait naître ma langueur :
Quel ſupplice pour moi, ſi mon cruel Vainqueur,
Sçavoit l'ardeur qui me devore !
Amour, ſeul confident du trouble de mon cœur,
Ne lui revele point un ſecret qu'il ignore,
Puiſque les maux que j'ai ſoufferts,
N'ont pû me délivrer d'une chaîne cruelle ;
Epargne-moi, du moins, la triſteſſe mortelle
D'étaler à ſes yeux, la honte de mes fers.

SCENE II.

CYDIPE & ADONIS.

ADONIS.

VEnus vient honorer nos tranquiles rivages,
Le choix d'un nouveau Roi, l'amene en ce ſéjour
Nos Peuples raſſemblez dans ces heureux Boccages,
Celebrent par leurs chants, la Mere de l'Amour.
Sa tendreſſe, pour vous, exige vos hommages.

Vous possedez son cœur, vous regnez dans sa Cour;
Cependant vous venez rêver sous ces ombrages,
Et semblez seule ignorer ce grand jour.

CYDIPE.

Le repos & la paix, borne mon esperance,
Et je les trouve dans ces lieux.

ADONIS.

Nos jeux, notre réjoüissance,
N'ont-ils rien qui flatte vos yeux?
A nos Concerts harmonieux,
Pouvez-vous préferer les horreurs du silence?

CYDIPE.

Le silence des Bois, n'inspire de l'effroi,
Qu'aux cœurs exemts d'inquietude;
Vous êtes trop heureux, pour sentir comme moi,
Les douceurs de la solitude.

ADONIS.

D'un importun chagrin, craignez-vous les rigueurs?
Il n'est point parmi nous de Princesse plus belle,
Tout cede à vos attraits vainqueurs;
L'amitié vous unit avec une immortelle,
Et vous partagez avec elle,
La conquête de tous les cœurs.

CYDIPE.

Helas!

ADONIS.

De ce soûpir, que faut-il que je pense?
Quels sont vos secrets déplaisirs?

CYDIPE.

Vous avez trop d'indifference,
Pour pouvoir penetrer d'où naissent mes soûpirs.

ADONIS.

Si c'est l'amour qui cause vos allarmes,
Que je plains votre sort! & qu'il est rigoureux!

CYDIPE.

Vous plaignez mes malheurs, sans partager mes larmes;
Helas, que vous êtes heureux!

ADONIS.

Les Bois m'ont donné la naissance,
J'ai toujours reveré Diane & son pouvoir;
Et des cœurs asservis à son obéïssance,
L'indifference est le premier devoir.

ENSEMBLE.

Charmante indifference
Que vous avez d'attraits?
Redoutons à jamais,
L'Amour & sa Puissance:
De ses funestes traits,
Craignons la violence:
Sa plus belle apparence,

Sçait tromper nos souhaits ;
Charmante indifference.
Que vous avez d'attraits !

ADONIS.

Mais, le Peuple en ces lieux, vient chanter la Déesse.
Nous devons partager la commune allegresse.

SCENE III.

CYDIPE, ADONIS, CHOEUR & Troupes de Peuples de differents endroits de l'Isle de Cypre.

LE CHOEUR.

De nos transports,
Suivons l'ardeur fidele,
Une Immortelle,
Descend sur ces bords ;
Formons pour elle,
Nos plus doux accords.
Avec les Jeux, les Amours vont paroître,
Mille plaisirs,
Vont combler nos desirs,
Dans ces beaux lieux, Venus les fait renaître.

Deux des Filles du Chœur.

Tout rit dans ce charmant séjour,
Nos Bois sont parez de verdure;
Dans les Boccages d'alentour,
L'Air retentit d'un doux murmure;
Le celeste flambeau du jour:
Répand sa clarté la plus pure:
Et l'on diroit que toute la Nature,
Vient rendre hommage à la Mere d'Amour.

Les Habitans de l'Isle témoignent par des Danses la joye que leur donne l'espoir de voir leur Déesse.

Un des Habitans chante cette Gavotte au milieu de l'Entrée.

C'est en vain qu'un cœur sauvage,
Fuit les amoureuses loix;
Dans le Printems de notre âge,
Ne songeons qu'à faire un choix:
Un cœur en est-il moins sage,
Pour s'engager une fois?

Une des Filles chante cette seconde Gavotte, avec le Chœur.

Jeunes Cœurs, songez à plaire,
C'est un doux amusement;
Aux soûpirs d'un Cœur sincere:
L'on resiste foiblement,
Et la fierté ne tient guere,
Contre les soins d'un Amant.

LE CHOEUR *pendant que Venus descend.*

Chantons, celebrons les appas
De la Divinité qui descend ici bas:
Que de beaux jours sa presence nous donne!
Les graces & les ris, la suivent en tous lieux,
Et la pompe qui l'environne,
Reçoit tout son éclat de celui de ses yeux.

SCENE IV.

VENUS, ADONIS, CYDIPE, CHOEUR *& Troupe, &c.*

VENUS.

VOus qui reconnoissez ma puissance suprême,
Peuples, écoutez-moi, suivez mes justes loix

Pour remplir en ces lieux l'honneur du Diadême,
En faveur d'Adonis j'ai sçû fixer mon choix :
Dans le sang de vos Rois ce Prince a pris naissance,
Honorez à jamais un choix si glorieux ;
Le seul tribut qui puisse plaire aux Dieux,
Est la sincere obéïssance.

ADONIS.

Quels respects! quel encens!...

VENUS.

Il suffit, laissez-moi,
Votre moindre bonheur, est celui d'être Roi ;
Vous connoîtrez bientôt, quel est votre partage :
Vous, Peuples, que mon choix a rangez sous sa loi,
Allez, dans son Palais, par un pompeux hommage,
Faire à ses yeux, éclater votre foi.

SCENE V.

SCENE V.

VENUS & CYDIPE.

CYDIPE.

ADonis eſt comblé de gloire,
Vos bienfaits vont encor redoubler ſa fierté.

VENUS.

Adonis eſt content, il m'eſt doux de le croire;
Mais, ſi par mes bienfaits, ſon orguëil eſt flaté,
Quel doit être l'excez de ſa felicité,
Quand il connoîtra la victoire,
Que le cœur de Venus offre à ſa vanité?

CYDIPE *à part.*

Qu'entens-je? ô Ciel!

VENUS.

Il faut parler ſans feinte;
En vain je te voudrois celer
L'ardeur dont mon ame eſt atteinte,
Mon mal s'accroît à le diſſimuler:

Il te ſouvient d'un jour qu'un pompeux ſacrifice
Me fit deſcendre dans ces lieux.

Sur l'aimable Adonis, je détournai les yeux ;
Ce funeste regard, commença mon supplice,
Je sentis à l'instant, dans mes esprits charmez,
Naître tous les transports d'une ardeur violente,
Et le seul souvenir, du Heros qui m'enchante
Ne les a que trop confirmez.

CYDIPE.

Pouvez-vous du Dieu Mars oublier la tendresse?
Favorable autrefois aux feux qu'il sent pour vous,
D'un mutuel amour, vous ressentiez les coups.
Pour un simple Mortel, aurez-vous la foiblesse,
De briser des liens si doux?

VENUS.

Adonis est mortel, Mars est un Dieu terrible:
Ses soins me seroient précieux,
Si la splendeur du rang pouvoit rendre sensible;
Mais le penchant du cœur, suit le plaisir des yeux,
Et l'Amour rend égaux les Mortels & les Dieux.

CYDIPE.

Par cette injuste préference,
Craignez d'aigrir la violence,
De son implacable couroux;
La plus redoutable vengeance,
Est celle de l'Amour jaloux.

VENUS.

Mes soins garantiront l'objet qui m'a sçû plaire

Des transports de ce Dieu fatal;
Les vains efforts de sa colere,
Serviront de Trophée à son heureux Rival;
Mais allons voir ce que j'adore,
Amour! toi qui causas l'ardeur qui me devore,
Frappe son cœur des mêmes traits,
J'oublirai tous les maux que ta rigueur m'a faits.

CYDIPE *en s'en allant.*

Dieux qui voyez les maux dont je suis poursuivie,
Prévenez ce malheur, ou m'arrachez la vie.

Fin du premier Acte.

ACTE SECOND.

Le Theatre represente le Palais des Rois de Cypre.

SCENE PREMIERE.

ADONIS.

HOmmages importuns, que ma grandeur m'attire,
Dans le rang auguste où je suis,
Pour un moment, souffrez que je respire,
Et laissez-moi, sans vous, rêver à mes ennuis.

Quels transports inconnus? quelle langueur secrete!

Dieux, que mon cœur est agité !
Malheureux Adonis, quel trouble t'inquiete,
Ah ! si tu dois enfin perdre ta liberté,
Faut-il qu'une Divinité,
Soit le premier objet de ta flâme indiscrete ?
Mais elle porte ici ses pas.
Que de troubles divers, s'élevent dans mon ame !
Mes yeux ne me trahissez pas ;
Cachez bien le secret de ma nouvelle flâme.

SCENE II.

VENUS & ADONIS.

VENUS.

Je vous voi seul en ce Palais,
Quoi, déja vous fuyez la cour & ses attraits ?
Tous les soins d'un grand Peuple attentif à vous plaire,
Sont-ils d'assez tristes objets,
Pour vous rendre inquiet, rêveur & solitaire ?

ADONIS.

La solitude a ses douceurs,

Et quelquefois la rêverie,
Fait le plus doux charme des Cœurs.

VENUS.

La solitude est sans douceur,
Si l'amoureuse rêverie,
Ne prend soin d'y porter les Cœurs.
Vous aimez, malgré vous, votre ardeur est trahie,
Vos yeux, de votre Cœur découvrent l'embarras.

ADONIS.

Moi, j'aimerois? ô Dieux! .... non, ne le croyez pas.

VENUS.

Vous voulez affecter le titre d'Insensible;
Cependant votre cœur soûpire en ce moment,
Et les soûpirs sont rarement,
Le langage d'un Cœur paisible:

Ne puis-je, enfin vous arracher,
Un aveu qui soit plus sincere?

ADONIS.

Ah! que me serviroit d'éclaircir un mystere,
Que je dois à jamais cacher?
Non, non, quand j'aimerois, tout me force à me taire,
Il n'appartient qu'aux Dieux d'aspirer à vous plaire;
Les soûpirs d'un Mortel, pourroient-ils vous toucher?

VENUS.

Les Dieux, à qui tout est possible,
Du bonheur d'un Mortel, pourroient être jaloux:
Il en est, qui peut-être ont le cœur plus sensible,
Et qui sont moins heureux que vous.

ADONIS.

Ciel, quel aveu charmant! qui l'eût jamais pû croire?

VENUS.

Connoissez, il est tems, quel est votre victoire?

ENSEMBLE.

Aimons à jamais, aimons-nous,
Faisons d'un nœud si beau notre bonheur suprême:
Eh! quel autre bien est plus doux,
Que celui d'être aimé du seul objet qu'on aime?

VENUS.

D'une Cour empressée, allez remplir l'espoir,
Elle attend le moment de vous marquer son zele;
Allez, dans peu de tems, je pourrai vous revoir,
Et je veux qu'une fête auguste & solemnelle,
Signale avec éclat notre ardeur mutuelle.

SCENE III.

VENUS & CYDIPE.

VENUS.

PRend part chere Cydipe au bonheur de mes feux,
Adonis répond à mes vœux.

CYDIPE.

Que dites-vous ? l'Amour a pû flechir ſon ame ?

VENUS.

Mes regards ont été les témoins de ſa flâme,
Du deſtin de Venus, conçois-tu la douceur ?
Mais, non, jamais l'Amour n'a ſçû toucher ton cœur,
Et pour pouvoir juger de mon bonheur extrême,
Il faudroit aimer comme j'aime.

CYDIPE *à part.*

Ciel ! puis-je ſoûtenir l'horreur de mon tourment ?

VENUS.

Adieu, l'Amour m'appelle auprès de mon Amant,
Je ne puis reſiſter à mon impatience ;
Quand on aime parfaitement,
C'eſt toujours une longue abſence,
Que l'abſence d'un ſeul moment.

SCENE IV.

SCENE IV.

CYDIPE.

AY-je assez éprouvé ton injuste colere;
Amour, es-tu content des rigueurs de mon sort?
Quoi, prête à découvrir mon funeste mystere,
Quand je viens sur l'Ingrat, faire un dernier effort,
J'apprens qu'un autre a sçû lui plaire?
Le Barbare content de me donner la mort,
Affectoit pour moi seul, un orguëil si severe:
Ah Dieux!.... mais que me sert de répandre des pleurs?
Frivoles déplaisirs, inutiles douleurs!
Tandis que je me desespere,
Ma Rivale en repos, joüit de mes malheurs.

O Mars, souffriras-tu cette injure cruelle?
Que fais-tu dans les Cieux, tandis qu'une Infidele,
Trahit pour un Mortel, ton espoir le plus doux?
Mars terrible, Mars formidable,
De ton couroux vangeur, fai leur sentir les coups,
Immole ces Ingrats à ta haine implacable:
Et toi farouche Déïté,
Affreuse jalousie, aux Mortels si funeste,

Prend ton essort vers le séjour celeste,
Empare-toi du cœur de ce Dieu redouté;
Fai-lui d'un si sensible outrage,
Une Image pleine d'horreur,
Et lance dans ce fier courage,
Ces traits de rage & de fureur,
Des vangeances d'un Dieu, redoutable présage.

SCENE V.

CYDIPE & LA JALOUSIE.

LA JALOUSIE.

TA voix a reveillé mes transports furieux,
Je veux seconder ta vangeance,
Et par de promts effets, signaler ma puissance;
C'est trop laisser en paix & la Terre & les Cieux.

Ministres de mes barbaries,
Noirs Soupçons, jalouses Furies,
Quittez le séjour des Enfers,
Pour venir avec moi, troubler tout l'Univers:
Volez, dispersez-vous du Couchant à l'Aurore,
Exerçons en tous lieux nos funestes rigueurs,
Et jusques dans les Cieux, allons remplir les cœurs,
De la fureur qui nous devore.

SCENE VI.

LA JALOUSIE, *& sa Suite.*

Les Soupçons, le Depit, la Fureur, le Desespoir, la Haine, &c.

LE CHOEUR.

Quittons le séjour des Enfers,
Allons troubler tout l'Univers,
Volons, dispersons-nous du Couchant à l'Aurore,
Exerçons en tous lieux nos funestes rigueurs,
Et jusques dans les Cieux, allons remplir les cœurs
De la fureur qui nous devore.

La Suite de la Jalousie exprime la joye que lui donnent les ordres qu'elle vient de recevoir.

LE CHOEUR.

Quel plaisir, de répandre
Dans un cœur trop tendre
Un trouble fatal!
Les plus tristes allarmes,
Nous offrent les charmes
D'un bien sans égal:
La fureur & la rage,

Quand on les partage,
Ne ſont plus un mal.
Quel plaiſir, de répandre
Dans un cœur trop tendre
Un trouble fatal!

Nous chaſſons l'allegreſſe;
L'affreuſe triſteſſe
Nous ſuit en tous lieux.
Notre rage inhumaine
Triomphe ſans peine
Juſques dans les Cieux.
Leur demeure tranquile
N'eſt pas un azile
Pour les grands Dieux.
Nous chaſſons l'allegreſſe;
L'affreuſe triſteſſe
Nous ſuit en tous lieux.

Fin du ſecond Acte.

ACTE TROISIÉME.

Le Theatre represente un Jardin, que Venus a fait orner pour la fête qu'elle prépare à Adonis.

SCENE PREMIERE.

MARS.

Quelle pompe nouvelle éclate dans ces lieux?
Pour qui sont destinez ces aprêts odieux?
Tout me confirme ici mon funeste présage;
Secrets pressentimens, qui déssillez mes yeux;
Ah! ne m'avez-vous fait abandonner les Cieux,
Que pour être témoin des feux d'une volage?

Allons, il faut m'en éclaircir ;
Je sçaurai penetrer ce funeste mystere,
Et dans le vif éclat de ma juste colere,
Malheur à qui m'ose trahir.

SCENE II.

MARS, UN DE SES SUIVANTS.

UN SUIVANT DE MARS.

JE ne puis rien comprendre à ce desordre horrible
Où votre cœur semble floter.

MARS.

Tu vois un exemple terrible,
Des tourments où l'amour sçait nous précipiter:
J'ignorois l'affreuse tristesse
Qu'une jalouse crainte excite dans les cœurs ;
A mes yeux prévenus l'Amour s'offroit sans cesse,
Entouré de mille douceurs :
Mais Venus sur la terre, aujourd'hui descenduë
Pour la premiere fois, éloigné de ses yeux,
Tout ce qu'un noir soupçon a de plus furieux,
A frappé mon ame éperduë ;
J'ai crû, dans mes sombres terreurs,
Voir en de nouveaux fers cette Amante volage.

Bientôt la Jalousie, allumant mes fureurs,
M'a tracé vers ces lieux un fidele passage,
Et j'y viens plein d'amour, de colere, & de rage,
D'un soupçon si cruel éclaircir les horreurs.

UN SUIVANT DE MARS.

Un cœur, qui s'abandonne à son inquietude,
Se repent bien souvent d'en avoir trop appris,
Et peu d'Amants sçavent le prix
D'une flateuse incertitude.

MARS.

Non, il faut, pour calmer l'excez de mon tourment,
En immoler la cause à mon ressentiment;
Tremble, Déesse criminelle,
Tremble; pour ton heureux Amant;
Je vais, par une mort cruelle,
Le punir de ton changement,
Et le malheur d'être Immortelle
Suffira pour ton châtiment.

UN SUIVANT DE MARS.

Laissez-vous moins séduire au conseil peu fidele
D'un temeraire emportement.

Une Maîtresse qu'on offense,
Par une trop rude vangeance,
Tôt ou tard se vange à son tour:
Et dans une Beauté legere,

L'aigreur d'une juſte colere
Eſt plus à craindre que l'amour.

MARS.

Si je puis averer l'outrage,
Que mon cœur me fait preſſentir,
Je ſçaurai m'épargner les maux d'un repentir,
Par le mépris d'une volage :

Mais, de quels chants nouveaux retentiſſent les airs ?
Qu'entens-je ?

UN SUIVANT DE MARS.

C'eſt Venus, que nous voyons paroître.

MARS.

Sans doute, cet Amant, que je cherche à connoître,
Vient prendre part à ces concerts :
Cachons-nous aux yeux de l'Ingrate :
Pour un moment encor contraignons mes fureurs,
Avant que ma vangeance éclate ;
Je veux approfondir le ſecret de leurs cœurs.

SCENE III.

SCENE III.

VENUS, ADONIS, *Suite de* VENUS, *& Suite d'*ADONIS.

LE CHOEUR.

Heureux Amants, que vos flâmes sont belles,
Que vos nœuds sont doux !
Soyez fideles,
Les plus beaux jours ne sont faits que pour vous;
Les doux transports de votre ardeur naissante
Font tous vos plaisirs :
L'amour prend soin de former vos desirs ;
Il vous exemte
Des tristes soûpirs.
Heureux Amants, que vos flâmes sont belles,
Que vos nœuds sont doux !
Soyez fideles,
Les plus beaux jours ne sont faits que pour vous.

VENUS & ADONIS.

Tendre prix des ames constantes,
Ardeurs charmantes,
Douces langueurs,
Soyez sans cesse renaissantes.

Douces langueurs,
Ardeurs charmantes,
Regnez à jamais dans nos cœurs !

LE CHOEUR.

Connoi le prix d'une si grande Gloire,
Mortel trop heureux.
Quelle victoire,
Le tendre Amour vient offrir à tes vœux !
C'est pour toi seul, qu'une aimable Déesse
Descend dans ces lieux,
Tu la contrains de mépriser les cieux,
Et la tendresse
D'un des plus grands Dieux ;
Connoi le prix d'une si grande gloire,
Mortel trop heureux,
Quelle victoire,
Le tendre Amour vient offrir à tes vœux !

Les Graces, les Plaisirs, & toute la Jeunesse galante de l'Isle de Cypre, viennent rendre leurs hommages à Venus & à Adonis.

UN DES PLAISIRS *chante ce Menuet avec le* CHOEUR.

Non, ce n'est point la grandeur suprême,
Que fait trouver le sort le plus heureux.

LE CHOEUR.

Non, ce n'eſt point la grandeur ſuprême
Qui fait trouver le ſort le plus heureux.

UN PLAISIR.

L'éclat pompeux d'une puiſſance extrême
N'exemte pas de mille ſoins fâcheux.

LE CHOEUR.

Non, ce n'eſt point la grandeur ſuprême
Qui fait trouver le ſort le plus heureux.

UN PLAISIR.

Se voir cheri de l'objet que l'on aime,
Vivre contens, former les mêmes vœux,
C'eſt le ſouverain bien des Dieux même.

LE CHOEUR.

Non, ce n'eſt point la grandeur ſuprême
Qui fait trouver le ſort le plus heureux.

Une des Graces, chante ce Menuet alternativement avec le Chœur.

Lorſque l'Amour dans ſes nœuds nous appelle,
Pourquoi s'armer d'une vaine fierté?
Il vaut mieux prendre une chaîne ſi belle,
Que de languir dans notre liberté.

Second Couplet.

Ne craignons point de lui rendre les armes,
Ne craignons point de pouſſer des ſoupirs;

Si quelquefois il fait verser des larmes,
On en est trop payé par ses plaisirs.

LE CHOEUR.

Mars paroît, justes Dieux! quelle fureur l'inspire!
Quels regards menaçans ses yeux lancent sur nous.

VENUS.

Ne craignez rien, allez, qu'un chacun se retire;
J'appaiserai bientôt ses mouvements jaloux.

SCENE IV.

MARS & VENUS.

MARS.

OU sont-ils, ces objets de ma juste vangeance?
Ces Amants odieux, que sont-ils devenus?
En quel lieu?.... Mais, je voi l'infidele Venus:
Perfide, pouvez-vous soutenir ma presence
Après votre infidelité,
Et ne craignez-vous point mon amour irrité?

VENUS.

De quel injuste effroi votre ame est-elle atteinte?
Quels sont ses indignes soupçons?

MARS.

Ah! finissez une importune feinte,
Mes yeux ont éclairci toutes vos trahisons;

Mais, ne présumez pas, qu'un Rival temeraire,
Puisse se garantir des traits de ma colere :
Envain, à mes regards, vos soins l'ont sçû cacher,
Jusques dans les Enfers je sçaurai le chercher.

Ne tardons plus, cedons au couroux qui m'anime,
Suivons cet Amant fortuné,
Qu'il soit de mes fureurs la premiere victime,
Et que l'Univers étonné,
Frémisse en apprenant ma vangeance & son crime.

VENUS.

Je vois avec plaisir ce dépit éclatant,
Il m'assure un amour délicat & constant.

On connoît mieux un cœur sensible,
Dans l'éclat d'un jaloux transport,
Que dans l'assurance paisible,
D'un Amant content de son sort.

MARS.

Non, n'esperez pas, Infidele,
Que je puisse oublier un si noir changement.

VENUS.

Venus sçaura calmer un tel emportement.

MARS.

Non, n'esperez pas, Infidele,
Que je puisse oublier un si noir changement.

Plus je vous aime tendrement,
Plus ma haine ſera cruelle.

VENUS.

Ceſſez de m'outrager par d'injuſtes tranſports,
Mon départ vous a fait douter de ma tendreſſe,
Et j'ai ſçu, que cette foibleſſe
Vous avoit conduit ſur ces bords.
J'ai voulu vous punir d'un ſoupçon qui m'offenſe;
Sous le voile trompeur d'un amour concerté,
J'ai ſurpris en ces lieux votre credulité,
Par une frivole apparence :
Mais, c'eſt aſſez longtems joüir de votre erreur,
J'ai pitié des frayeurs où s'égare votre ame,
Et mon cœur doit à votre flâme,
Le ſoin de diſſiper cette vaine terreur.

MARS.

Ciel! croirai-je?... mais, non, je voi votre artifice.

VENUS.

Quoi? vous oſez douter de ma ſincerité?
Ah! c'eſt trop d'un Amant, éprouver l'injuſtice,
Je doi rougir de ma lâche bonté,
Partez, ſuivez en liberté,
Les injuſtes conſeils d'un aveugle caprice,
Je vous laiſſe nourrir vos ſoupçons odieux,
Allez, & gardez-vous de paroître à mes yeux.

MARS.

Ah ! cruelle, arrêtez. Ciel, quelle eſt ma foibleſſe!
Mais, il faut de mon ſort ſubir la triſte loi ;
Un funeſte penchant m'entraîne malgré moi,
Et fait de mon dépit triompher ma tendreſſe.

VENUS.

Non, votre amour n'eſt point égal à mon ardeur.

MARS.

Ah ! daignez mieux juger des tranſports de mon cœur.

ENSEMBLE.

Mon ame n'eſt aſſervie
Qu'au ſeul deſir de vous voir ;
Il fait mon plus doux eſpoir,
Il fait ma plus chere envie.

VENUS.

Qu'il m'eſt doux de vous voir goûter un plein repos !
Je vais quitter ces lieux, pour me rendre à Paphos.
Je joüirai bientôt de l'heureux avantage,
De revoir le Dieu qui m'engage.

SCENE V.

MARS.

GOûtons un repos plein d'attraits ;
Le calme d'une heureuse paix
Succede à mes inquietudes.
Cruels soupçons, tristes soûpirs,
C'est à vos tourments les plus rudes,
Que je dois mes plus doux plaisirs.

Sortons d'une terreur funeste,
Venus a dissipé les troubles de mon cœur,
Retournons au séjour celeste.

SCENE VI.

MARS & CYDIPE.

CYDIPE.

ARrête, Dieu credule, & repren ta fureur:
Séduit par un vain artifice,
Sur la foi des serments d'une ingrate Beauté,
Tu crois tes feux en sûreté ;
Mais, c'est trop faire grace à sa noire injustice.

Tu

Tu vois un cœur en proye aux plus vives douleurs,
Devorée en secret d'une flâme fatale,
J'adorois un Ingrat; heureuse en mes malheurs,
Puisque j'aimois du moins sans craindre de Rivale,
Mon cœur souffroit tranquilement:
Ah! falloit-il Déesse trop cruelle,
Oter encor à ma douleur mortelle,
Un si foible soulagement?

MARS.

O Ciel! en quelle erreur mon aveugle tendresse
Avoit-elle pû me plonger!
Ah! je rougis de ma foiblesse;
Ne quittons pas du moins ces lieux sans nous vanger.

ENSEMBLE.

Courons à la vangeance,
Unissons-nous dans nos transports:
Vangeons par de communs efforts
Notre amour qu'on offense.

Fin du troisiéme Acte.

ACTE QUATRIÉME.

Le Theatre represente la ville d'Amathonte.

SCENE PREMIERE.

VENUS & ADONIS.

VENUS.

D'Une aveugle fureur, Mars n'est plus agité;
Pour vos jours desormais je n'ai plus rien à craindre;
Et notre amour en sûreté,
Peut s'expliquer sans se contraindre.
Les Peuples de Paphos s'assemblent dans ce jour,
Pour celebrer celui de ma naissance:
Je ne puis à leurs Jeux refuser ma présence;
Mais j'espere bientôt, par un heureux retour,

Reparer les moments, que cette triste absence
Va dérober à mon amour.

ADONIS.

O Ciel ! que venez-vous m'apprendre ?
A quel supplice affreux m'osez-vous condamner ?
A peine mes soûpirs ont sçu se faire entendre,
Et vous voulez m'abandonner ?

VENUS.

Est-ce abandonner ce qu'on aime,
Que de s'en éloigner pour un jour seulement ?

ADONIS.

Helas ! dans ma douleur extrême,
Que ce jour malheureux coulera lentement !

VENUS.

Plus l'absence cause d'allarmes,
Plus le retour promet de doûceurs & de charmes.

ADONIS.

Songez aux déplaisirs que vous m'allez coûter.

VENUS.

J'en ressens comme vous les cruelles atteintes.

ADONIS.

Vous êtes sensible à mes plaintes,
Cependant vous m'allez quitter ?

VENUS.

Pour cet éloignement souffrez que je ménage
L'amour que je vous ai donné :

Vous en ſerez moins fortuné ;
Mais, vous en aimerez peut-être davantage.

ADONIS.

Pouvez-vous douter de ma foi ?
Que cette défiance eſt injuſte & cruelle !
Ah ! quand on aime comme moi,
Plus on ſe voit heureux, & plus on eſt fidèle.

VENUS.

Un cœur ſans crainte & ſans deſir
Se laſſe bientôt de ſes chaînes :
L'amour s'éteint par les plaiſirs,
Et ſe ralume par les peines.

ADONIS.

Après avoir flaté le plus doux de mes vœux,
Vous m'accablez des traits d'une rigueur mortelle :
Ma peine ſeroit moins cruelle,
Si j'avois été moins heureux.

VENUS.

C'eſt par les chagrins & les larmes,
Que l'amour fait payer ſes plus tendres faveurs :
On eſt peu ſenſible à ſes charmes,
Lorſque l'on n'a jamais éprouvé ſes rigueurs.
Mais, c'eſt trop differer un départ neceſſaire :
Adieu, conſolez-vous dans cet éloignement,
S'il ne faut, pour vous ſatisfaire,
Que partager votre tourment.

SCENE II.

ADONIS.

FUneste & rigoureuse absence,
Que vous m'allez coûter de plaisirs & de pleurs!
Envain, d'un promt retour, la flateuse esperance,
Veut calmer mes vives douleurs.
Eloigné des beaux yeux dont je sens la puissance,
Je ne songe qu'à mes malheurs :
Funeste & rigoureuse absence,
Que vous m'allez coûter de soûpirs & de pleurs!

SCENE III.

MARS, CYDIPE *&* ADONIS.

MARS *&* CYDIPE.

C'Est tarder trop longtems à punir ton audace,
Reconnoi le Dieu de la Thrace,
Tremble, temeraire Rival;
Il est tems qu'une mort cruelle,
Vange le desespoir fatal,
Où nous livre aujourd'hui ta flâme criminelle.

ADONIS.

Est-ce un crime de trop aimer,
Quand le Ciel nous a fait un cœur sensible & tendre ?
Si l'amour peut forcer des Dieux à s'enflâmer,
Un Mortel peut-il s'en défendre ?

MARS & CYDIPE.

Envain tu crois nous attendrir ;
Perfide, ta mort est certaine,
Il faut te résoudre à perir,
Ou rompre une fatale chaîne.

ADONIS *à Cydipe.*

Quel sujet de couroux vous arme contre moi ?

CYDIPE.

Puis-je assez te punir de m'avoir trop sçû plaire ?
Par les transports de ma colere,
Ingrat, connoi l'amour dont je brûle pour toi ;

Renonce au penchant qui te guide,
Evite un affreux châtiment.

ADONIS.

Suivez, suivez plutôt votre ressentiment ;
Je crains moins le trépas, que le nom de Perfide.

MARS.

Traître, c'est trop souffrir tes insolents discours,
Il est tems que la mort en termine le cours.

CYDIPE.

Dieux ! que vois-je ? arrêtez, que prétendez-vous faire ?
Dieu puissant, révoquez un Arrêt si severe.
Ah ! si votre couroux ne sçauroit s'appaiser,
Que par un sanglant sacrifice,
De mes funestes jours vous pouvez disposer ;
Frappez, & terminant ma vie & mon supplice,
Dans les flots de mon sang puissiez-vous épuiser
Les rigueurs de votre justice.

MARS.

Quelle indigne pitié calme votre couroux ?
Mais, je veux bien vous satisfaire,
Et les transports de ma colere,
Dédaignent d'éclater par de si foibles coups.
C'est peu d'une seule victime,
Pour calmer mon ressentiment ;
Il faut à mon injure, un vaste châtiment ;
Les peuples de ces bords ont partagé son crime,
Par leur lâche applaudissement ;
Ils vont tous éprouver la fureur qui m'anime ;
Fui, Traître, hâte-toi de partir de ces lieux :
Et vous, qui prenez sa défense,
Allez, de son destin, gemir loin de mes yeux,
Et ne troublez plus ma vangeance.

SCENE IV.

MARS.

C'En eſt fait, le dépit vient d'éteindre mes feux;
Après un tourment rigoureux,
Qu'il eſt doux de pouvoir punir une Volage!
Trop heureux un cœur outragé,
Qui joüit du bonheur de ſortir d'eſclavage,
Et du plaiſir d'être vangé.

Venez, implacable Bellone,
Obéïſſez aux loix que ma fureur vous donne:
Sauvez-moi de l'affront d'immoler des Ingrats,
Indignes de perir ſous l'effort de mon bras;
Secondez ma jalouſe rage,
Portez dans ces triſtes climats,
L'effroi, la mort, & le carnage;
Que ce Peuple odieux de coups mortels frappé,
Sous ſes murs abattus periſſe enveloppé,
Et qu'un fleuve de ſang inondant ce rivage,
Aille, par cent canaux divers,
Annoncer ma vangeance au bout de l'Univers.

SCENE V.

MARS & BELLONE.

BELLONE.

PAr mes empreſſements connoi quel eſt mon zele,
Je vole où ta fureur m'appelle;
Bientôt mes cruautez appuyant ton couroux,
Vont détruire un peuple coupable,
Pour le cœur de Bellone eſt-il un bien plus doux,
Qu'une vangeance impitoyable?
Vous qui m'accompagnez dans l'horreur des combats,
Hâtez-vous de ſuivre mes pas;
Servons d'un Dieu vangeur la haine impatiente,
Courons, uniſſons nos efforts:
Répandons en ces lieux l'horreur & l'épouvante,
Ravageons ces funeſtes bords.
Que ces murs embraſez, que la terre ſanglante,
Signalent nos cruels tranſports.
Servons d'un Dieu vangeur la haine impatiente,
Courons, uniſſons nos efforts.

SCENE VI.

MARS, BELLONE, *&* *Suite de* BELLONE.

LE CHOEUR.

SErvons d'un Dieu vangeur la haine impatiente,
Courons, unissons nos efforts:
Répandons en ces lieux l'horreur & l'épouvante,
Ravageons ces funestes bords.
Que ces murs embrasez, que la terre sanglante,
Signalent nos cruels transports;
Servons d'un Dieu vangeur la haine impatiente,
Courons, unissons nos efforts.

Les Suivants de Bellone, un poignard dans une main, & des torches allumées dans l'autre, portent le ravage dans Amathonte, & en poursuivent les Habitants.

LE CHOEUR.

Vangeons-nous de l'amour fatal,
D'un trop heureux Rival.
De ce coupable objet il faut punir la terre;
Que sa mort couronne à nos yeux
Les maux qu'ont faits en ces lieux
La flâme & la guerre;

Vangeons-nous de l'amour fatal,
D'un trop heureux Rival.

MARS.

Arrêtez, suspendez l'ardeur qui vous anime,
Et ne vous chargez point d'une indigne victime.
Le sort d'un Rival odieux,
S'il tomboit sous vos coups seroit trop glorieux:
Je veux que sa mort soit l'ouvrage
Du plus vil habitant des bois.
O toi, dont ce Perfide ose trahir les loix!
Diane, si ton cœur est sensible à l'outrage
Que ces feux t'ont fait recevoir,
Sers-toi, pour le punir, de ton fatal pouvoir;
Qu'un Monstre furieux s'arme pour son supplice,
Et par cet affreux sacrifice,
Instruisons à jamais les cœurs audacieux,
Du respect qu'ils doivent aux Dieux.

Fin du quatriéme Acte.

ACTE CINQUIÉME.

Le Theatre represente les ruines d'Amathonte & des Campagnes voisines.

SCENE PREMIERE.

MARS & CHOEUR DE PEUPLES *derriere le Theatre.*

MARS.

ENfin, je vai bientôt voir punir qui m'offense,
Diane a satisfait à mon impatience;
Et sans interesser la gloire de mon bras,
Elle a de mon Rival préparé le trépas.

CHOEUR *derriere le Theatre.*

Prenez pitié de notre peine,
Dieux puissants, que nos pleurs appaisent votre haine!

MARS.

Je vois à ces cris pleins d'horreur,
Que le Monſtre déja fait ſentir ſa fureur.

CHOEUR *derriere le Theatre.*

Prenez pitié de notre peine,
Dieux puiſſants, que nos pleurs appaiſent votre haine.

MARS.

Que ces gemiſſements ſont pour moi pleins d'appas!
La perfide Venus ne triomphera pas
De mes tourments & de ſon inconſtance.
Qu'il eſt doux aux cœurs mépriſez
De retrouver dans la vangeance
Les plaiſirs que l'amour leur avoit refuſez!

SCENE II.

MARS & CYDIPE.

CYDIPE.

Ciel ! quel effroyable ravage !
O Mars, soyez touché d'un si funeste sort !
Un Monstre animé par la rage,
Seme de toutes parts l'épouvante & la mort.
Ah ! faut-il que nos pleurs vous trouvent insensible,
Et le couroux des Dieux doit-il être inflexible ?

MARS.

Non, non, rien ne peut m'attendrir,
Vos Peuples insolents, ne sçauroient trop souffrir :
Je ne puis trop punir le criminel hommage
Dont ils ont couronné les feux d'une Volage ;
Mais leur juste trépas n'est qu'un degré fatal
A la perte de mon Rival.
Diane a de sa mort flatté mon esperance,
Je n'ai plus qu'à quitter un séjour odieux ;
Je pars, & je vai dans les Cieux,
Attendre le succez d'une juste vangeance.

CYDIPE.

Il disparoît, ô justes Dieux !
Adonis va perir, Ciel ! prenez sa défense.

SCENE III.

CYDIPE & ADONIS.

CYDIPE.

AH ! Prince, où portez-vous vos pas ?

ADONIS.

Je vais d'un Monſtre affreux délivrer ces climats.

CYDIPE.

Ah ! fuyez une mort certaine.
Diane, & le Dieu Mars, s'arment contre vos jours.

ADONIS.

Je ſçai que ma perte eſt prochaine,
Mais mon Peuple gemit, je vole à ſon ſecours.

CYDIPE.

Tout s'unit, tout conſpire à flater votre envie,
La fortune & l'amour favoriſent vos vœux.
Ah ! ſi vous mépriſez la vie,
Que feront les cœurs malheureux ?

ADONIS.

Quand les honneurs du Diadême
M'offriroient encor plus d'appas,
Abſent de la Beauté que j'aime,
Puis-je redouter le trépas ?

Vos feux ont, contre moi, ſoulevé l'injuſtice
D'un Dieu tout prêt à m'immoler :
Si pour moi votre cœur ſe ſent encor brûler,
Ma mort ſera votre ſupplice.

SCENE IV.

CYDIPE.

IL me fuit ? Dieux, quelle rigueur !
Malgré tous ſes mépris, je puis l'aimer encore ;
Il me fuit ? & mon lâche cœur
Ne ſçauroit étouffer l'ardeur qui le devore ?

Venez, juſte dépit, venez briſer mes fers,
C'eſt à vous de finir ma peine :
L'amour livre mon cœur à mille maux divers,
Je ne puis reſiſter au penchant qui m'entraîne,
Et les tourmens que j'ai ſoufferts
Ne font que reſſerrer ma chaîne :
Venez, juſte dépit, venez briſer mes fers,
C'eſt à vous de finir ma peine.
Pour punir un Ingrat trop digne de ma haine,
De funeſtes ſecours envain me ſont offerts,
Helas ! contre des jours ſi chers
Je ſens que ma colere eſt vaine.

Venez ;

Venez, juste dépit, venez briser mes fers,
C'est à vous de finir ma peine.

CHOEUR *derriere le Theatre.*

Adonis a domté le Monstre & sa fureur,
De nos champs désolez il bannit la terreur.

CYDIPE.

Par ces chants de réjoüissance,
J'apprens qu'Adonis est vainqueur:
Quoi? des Dieux conjurez il brave la rigueur?...
Mais, le Peuple en ces lieux s'avance,
Je ne puis plus cacher le trouble de mon cœur.
Fuyons, évitons sa présence.

SCENE V.

CHOEUR, *& Troupe de Peuples d'Amathonte, & des Campagnes voisines.*

LE GRAND CHOEUR.

ADonis a domté le Monstre & sa fureur,
De nos champs désolez il bannit la terreur.

LE PETIT CHOEUR.

Chantons sa Victoire,
Rendons hommage à sa Gloire.

LE GRAND CHOEUR.

Celebrons à jamais ses efforts genereux ;
C'est sa rare valeur qui va nous rendre heureux.

UNE DES FILLES DU CHOEUR.

Le Ciel, attendri par nos larmes,
Fait enfin cesser nos allarmes.
Les plaisirs, les beaux jours,
Vont reprendre leurs cours.

LE GRAND CHOEUR.

Les plaisirs, les beaux jours,
Vont reprendre leurs cours.

CHOEUR DES FILLES.

Après avoir souffert des rigueurs inhumaines,
Goûtons le bonheur de voir finir nos peines ;
On ne connoît le prix des plus parfaits plaisirs,
Qu'après avoir poussé de rigoureux soûpirs.

UN DES HABITANTS.

Nous devons à notre auguste Maître
Le repos que nous voyons renaître.
Quel objet est plus beau pour la valeur d'un Roi,
Que le calme des cœurs qui vivent sous sa loi ?

LE GRAND CHOEUR.

Nous devons à notre auguste Maître,
Le repos que nous voyons renaître.

Quel objet est plus beau pour la valeur d'un Roi,
Que le calme des cœurs qui vivent sous sa loi?

LE PETIT CHOEUR.

Trop heureuse Immortelle,
Revenez en ces lieux;
Adonis vous appelle,
Paroissez à ses yeux.
Qu'il est doux de revoir dans un Amant fidele,
Un Vainqueur glorieux.

LE GRAND CHOEUR.

Adonis a domté le Monstre & sa fureur,
De nos champs désolez il bannit la terreur.

Venus, de retour de Paphos, descend de son Char au milieu des Danses & des acclamations du Peuple.

SCENE VI.

VENUS & LE CHOEUR.

VENUS.

QU'un triste éloignement m'a fait verser de larmes!
Que mes yeux vont trouver de charmes
A revoir en ces lieux l'objet de mon amour!

On se plaint, on languit, loin d'un Amant fidele;
Mais; l'absence la plus cruelle,
Ne sert qu'à préparer aux douceurs du retour.
Mille voix m'ont appris les perils & la gloire
Du Heros qui fait mes desirs;
Allons mêler le bruit de nos tendres soûpirs
Avec les chants de sa victoire.

SCENE II.

VENUS, CYDIPE, & LE CHOEUR.

CYDIPE.

ORguëilleuse Divinité,
Pleure, pleure à jamais ta tendresse fatale;
Quitte l'aveugle espoir dont ton cœur est flaté,
Et connois enfin ta Rivale.
C'est moi, qui pour vanger mon amour offensé,
De l'implacable Mars ai réveillé la haine;
Envain, le Monstre terrassé
Sembloit suspendre notre peine.
Diane, en le rendant à la clarté des cieux,
A sçu, contre Adonis, renouveller sa rage,
Et le sang d'un Ingrat, versé sur ce rivage,
Vange mes tourments & les Dieux.

VENUS.

Il est mort, Dieux cruels ! .... Perfide, à quel supplice ? ....

CYDIPE.

Arrête, je sçai trop ce que j'ai merité,
Et voici le coup souhaité,
Qui, d'un funeste amour, va te faire justice ;

Elle se tuë.

Ç'en est fait, je sens que je meurs,
Trop heureuse de voir la fin de mes malheurs,
Tandis que le rang d'Immortelle,
Te condamne à souffrir une peine éternelle.

SCENE DERNIERE.

VENUS & LE CHOEUR.

VENUS.

IL est mort, Ciel, Barbare ! ô destins ennemis,
Impitoyables Dieux, vous l'avez donc permis !
Je ne verrai plus ce que j'aime ?
Le sommeil de la mort a fermé pour jamais
Ces yeux, de qui l'amour empruntoit tous ses traits,
O disgrace ! ô rigueur extrême !

Eclatez, mes soûpirs, coulez, coulez mes pleurs;
Je n'en puis trop verser en de si grands malheurs.

Que toute la terre gemisse,
Que l'air de nos cris retentisse.

LE CHOEUR.

Que toute la terre gemisse,
Que l'air de nos cris retentisse.

VENUS.

Le plus beau des Mortels vient de perdre le jour.

LE CHOEUR.

Que toute la terre gemisse.

VENUS.

Venus perd ce qu'elle aime, & le perd sans retour.

LE CHOEUR.

Que l'air de nos cris retentisse,
Que chacun partage à son tour
L'horreur d'un si cruel supplice.

Fin du cinquiéme & dernier Acte.

De l'Imprimerie de JEAN-BAPTISTE LAMESLE,
ruë du Foin, à la Minerve. 1717.

* Ah! je meurs
Je finis mes malheurs
Immortelle,
Ta peine doit être éternelle.

www.ingramcontent.com/pod-product-compliance
Lightning Source LLC
LaVergne TN
LVHW010000230826
846092LV00002B/576